AF495490

REVUE TRIMESTRIELLE
DE
DROIT CIVIL

EXTRAIT

DU REFUS DE CONTRACTER
OPPOSÉ EN RAISON
DE CONSIDÉRATIONS PERSONNELLES

Par M. René Lucien MOREL
Docteur en droit

ABONNEMENT ANNUEL :
France, **20** francs; Étranger, **22** francs.
Prix du N° *franco*, **6** francs.

LIBRAIRIE
DE LA SOCIÉTÉ DU RECUEIL J.-B. SIREY & DU JOURNAL DU PALAIS
Ancienne Maison L. LAROSE & FORCEL
L. LAROSE & L. TENIN, Directeurs
22, rue Soufflot, PARIS, 5e Arrd.

DU

REFUS DE CONTRACTER

OPPOSÉ EN RAISON DE CONSIDÉRATIONS PERSONNELLES

Par M. René Lucien Morel,

Docteur en droit.

Une personne adresse à une autre une offre en vue de la conclusion d'un contrat. Cette dernière repousse la proposition qui lui est faite. Le plus souvent elle allègue qu'elle n'a pas actuellement l'intention de traiter ou que les conditions de l'affaire ne lui conviennent pas. Lorsqu'il en est ainsi, l'on ne songe guère en pratique à contester la légitimité de son refus.

Il n'en est plus de même lorsque le refus est fondé sur des considérations personnelles au pollicitant. Celui qui rejette l'offre a tenu compte de la situation personnelle de ce dernier, de sa profession, de sa nationalité, de ses opinions religieuses ou politiques; ou plus simplement il a voulu satisfaire une rancune contre lui. En pareil cas, il est arrivé que ceux qui étaient l'objet du refus ont porté leurs réclamations devant les tribunaux, en excipant soit d'un dommage matériel, soit plus souvent encore d'un dommage moral.

C'est qu'en effet le refus de contracter, lorsqu'il est fondé sur l'un de ces motifs, peut devenir le moyen d'infliger à autrui toutes sortes de vexations. Par exemple, c'est un propriétaire qui invoque la nationalité ou la religion d'une personne pour refuser de lui louer sa maison. Pour toute autre raison analogue, un commerçant refuse de vendre un objet, un hôtelier de loger un voyageur, un voiturier de transporter des marchandises; un entrepreneur de spectacle interdit à une personne l'entrée de son établissement. Enfin, si nous consultons la jurisprudence la plus récente, nous voyons des patrons refuser systématiquement d'embaucher des ouvriers, sous le prétexte qu'ils font partie d'un syndicat professionnel.

Les conséquences d'un tel refus peuvent devenir particulièrement graves, si l'on suppose qu'il résulte d'un mot d'ordre, d'une coalition formée entre particuliers ou commerçants pour s'interdire mutuellement d'entrer en rapports d'affaires avec un tiers déterminé ou une catégorie de personnes. C'est un côté de la question qu'il est nécessaire d'envisager à notre époque d'associations, de syndicats et de coalitions.

Cette dernière hypothèse mise à part, est-il concevable que le refus de contracter, opposé à raison de considérations personnelles, devienne une cause de responsabilité? Les objections ne manquent pas. Chacun n'est-il pas juge du point de savoir s'il doit ou non s'engager par contrat et à quelles conditions? N'en résulte-t-il pas pour toute personne le droit absolu de se refuser à conclure un contrat? Au surplus l'exercice d'un droit comporte-t-il une responsabilité?

Ces considérations seraient sans réplique si la science juridique moderne n'avait singulièrement discrédité le dogme de l'absolutisme des droits et le principe de l'irresponsabilité à l'occasion de leur exercice. Il existe, en doctrine et en jurisprudence, une tendance indéniable à n'apprécier la valeur des actes les plus licites qu'en raison des mobiles qui les inspirent, du but qu'ils poursuivent. S'il en est ainsi, pourquoi traiterait-on différemment le droit de refuser de conclure un contrat? Pourquoi ne poursuivrait-on pas la malveillance, « l'injustice subjective » dans l'exercice de cette faculté, comme on la poursuit dans l'exercice du droit de propriété ou du droit de grève?

La raison d'hésiter provient de ce que, le plus souvent, celui qui se voit opposer un refus ne peut se prévaloir d'aucun droit vis-à-vis de la personne qu'il a sollicitée et que le refus ne porte atteinte qu'à un simple intérêt. Il resterait alors à savoir si certains faits, certaines avances de la part de celui qui reçoit l'offre ne seraient pas de nature à créer, au profit du pollicitant, ce droit qui pourrait devenir la base d'une action en responsabilité.

C'est ce que nous nous proposons de rechercher dans cette étude. Nous examinerons au préalable les hypothèses qui ont été prévues par la loi, ainsi que la jurisprudence qui s'est formée sur la question.

I

Nous n'avons aucun texte de loi qui réglemente d'une façon générale le droit de rejeter les offres de contrat. Néanmoins, dans certains cas, l'autorité est intervenue pour restreindre l'exercice de ce droit et prévenir les abus qu'il aurait facilités. Ce qui caractérise cette intervention de la puissance publique, c'est qu'elle est souvent accompagnée d'une sanction pénale. Dans un certain nombre de cas, c'est d'ailleurs la seule sanction dont elle soit susceptible, faute de pouvoir exercer une contrainte sur la personne ou la volonté des contrevenants.

Nous ne faisons que mentionner les hypothèses dans lesquelles la puissance publique exige de certaines personnes, dans son propre intérêt, l'exécution d'un travail ou l'accomplissement d'un service. Il ne s'agit pas à proprement parler d'un refus opposé à une offre de contrat, mais d'un refus d'obtempérer à une réquisition de l'autorité. On peut citer en ce sens le texte général de l'article 475, 12° du Code pénal relatif à ceux qui, dans certaines conditions, refusent ou négligent de faire les travaux ou le service dont ils sont requis; certains textes spéciaux, comme la loi du 22 germinal an IV, qui frappent de peines les ouvriers qui refusent de faire les travaux nécessaires pour l'exécution des jugements (1). Parmi ces textes, l'un des plus curieux est assurément l'article 114 du décret du 18 juin 1811, qui a pour but de permettre à l'exécuteur des hautes œuvres de trouver un logement et qui inflige une peine à ceux qui, en étant requis, refuseraient d'y pourvoir (2).

L'on peut considérer comme plus en rapport avec notre sujet les dispositions qui interdisent à certaines personnes exerçant une profession de refuser des clients, pour donner la préférence à d'autres. C'est ainsi qu'une ordonnance du 20 janvier 1563, aujourd'hui abrogée (3), défendait aux hôteliers de renvoyer les voyageurs sans motifs légitimes. Dans notre législation moderne, nous trouvons quelques dispositions analogues. Elles ont trait à certaines professions ou entreprises subordonnées à l'autorité publique, qui préside à leur création et exerce sur elles une surveillance. En échange du privilège qu'elle leur confère, elle leur impose l'obligation de rendre au public, sans distinction, le service qu'il peut en attendre. C'est ainsi que les officiers ministériels, comme les notaires, les avoués, les huissiers, les agents de change, sont tenus, en vertu de certains textes, de prêter leur ministère lorsqu'ils en sont requis (4). Au contraire les avocats peuvent en principe refuser les affaires qui leur sont confiées, sans avoir à donner de motifs : toutefois il est fait exception à cette règle lorsqu'ils sont nommés d'office (5). Dans un autre ordre d'idées, les exploitants des magasins généraux, établissements soumis à l'autorisation, sont tenus de les mettre sans préférence ni faveur à la disposition de toutes personnes (6). Enfin l'exemple le plus important que l'on puisse citer est celui des Compagnies de chemins de fer : investies d'un monopole, il était inadmissible qu'elles pussent favoriser certaines personnes au détriment de certaines autres; aussi ne peu-

(1) Cass., 28 janv. 1870, D. 70. 1. 318.

(2) Sur la portée et la légalité de ce texte, Baudry-Lacantinerie et Wahl, *Contrat de louage*, 3e éd., I, n° 121.

(3) Cass., 18 juillet 1862, D. 63. 1. 485.

(4) V. notamment pour les notaires, L. 25 vent. an XI, art. 3.

(5) Ord. 20 nov. 1822, art. 41. Garsonnet, *Traité de procédure*, I, n° 249.

(6) D. 12 mars 1859, art. 6.

vent-elles en principe refuser les marchandises qui leur sont confiées (1).

Au point de vue de la *lex ferenda*, le développement des syndicats professionnels a attiré l'attention du législateur sur les inconvénients qui pourraient résulter pour ces associations de refus systématiques d'embauchage opposés à des ouvriers syndiqués. Certains voudraient édicter en ce cas une sanction pénale (2); d'autres se contentent de poser le principe d'une réparation civile, pour le cas où un préjudice serait causé (3).

Ces dispositions légales mises à part, la question reste entière. Voyons comment elle s'est présentée devant les tribunaux et quelle solution ils lui ont donnée.

II

Il y a lieu d'écarter de cette étude jurisprudentielle toutes les décisions ayant trait à des hypothèses dans lesquelles une personne a fait une offre de contrat, qui vient ensuite à être acceptée. Il ne peut s'agir en ce cas d'un refus de contracter de la part du pollicitant, puisque le contrat est formé par le fait même de l'acceptation. C'est ainsi que l'on peut expliquer la solution admise par la jurisprudence dans le cas où un objet est mis en montre avec indication de prix : toute personne peut accepter l'offre ainsi faite et exiger qu'on lui délivre l'objet exposé (4).

Pour qu'il puisse être question d'un refus de contracter, il faut supposer qu'une personne reçoive une offre et ne l'accepte pas. A ce point de vue, l'examen des arrêts nous révèle, dans la jurisprudence, une orientation nouvelle qui s'est manifestée récemment à propos de la question du refus d'embauchage.

Jusqu'à ces dernières années, le débat ne s'était élevé devant les tribunaux qu'entre des commerçants ou indus-

(1) Art. 49 du cahier des charges; art. 50, ordonnance du 15 nov. 1846.

(2) Proposition Bovier-Lapierre votée par la Chambre en 1890 et 1892.

(3) Proposition Waldeck-Rousseau, 14 nov. 1899, art. 10.

(4) Trib. comm. Seine, 5 janv. 1869, S. 69. 2. 24.

triels et certains de leurs clients. Dans les hypothèses assez rares qu'elle a eues à trancher, la jurisprudence se montre assez disposée à concéder de la façon la plus large aux commerçants le droit de n'entrer en rapport d'affaires qu'avec les personnes qui leur conviennent. L'argument invoqué est tiré du principe de la liberté du commerce et de l'industrie, proclamé par la loi des 2-17 mars 1791. Un commerçant a le droit de vendre ou de ne pas vendre, un producteur le droit de produire ou de ne pas produire : tous ont le droit de ne vendre ou de ne produire qu'aux conditions qu'il leur plaît d'établir : il en découle tout naturellement pour eux le droit de choisir les personnes avec lesquelles ils entreront en rapport. Par exemple, un hôtelier ou celui qui exploite un établissement ouvert au public, comme un restaurant ou un café, ont le droit d'interdire à une personne de pénétrer dans leur hôtel ou leur établissement (1). Il en est de même d'un entrepreneur de spectacle (2). Tous ont le droit et le devoir de ménager leur clientèle et de sauvegarder la bonne renommée de leur maison : aussi les tribunaux considèrent-ils qu'ils exercent ce droit *souverainement*.

Mais la jurisprudence apporte à son principe une importante restriction pour le cas où il s'agit d'entreprises jouissant d'un *privilège*. Cette solution s'inspire évidemment des mêmes raisons qui expliquent les dispositions légales relatives aux officiers ministériels ou aux Compagnies de chemins de fer. En l'absence de textes formels, la jurisprudence a fait application de ce principe à tous les cas où il existe un monopole de droit. C'est ainsi qu'à l'époque où le commerce de la boulangerie était réglementé, l'on n'admettait pas qu'un boulanger pût se refuser à vendre du pain (3). Aujourd'hui encore, dans les villes où la vente du pain est soumise au régime de la taxe, l'on décide que cette

(1) Cass., 18 juill. 1862, D. 63. 1. 485. Trib. civ. Seine, 23 mars 1892, S. 92. 2. 189. Trib. civ. Nice, 7 avr. 1892, D. 94. 2. 132.

(2) Trib. Pont-l'Évêque, 15 juin 1878, D. 80. 3. 22. Trib. Saint-Gaudens, 24 août 1881, D. *Suppl.*, v° *Industrie*, n° 135, n. 1.

(3) Cass., 12 mai 1854, D. 54. 1. 208.

réglementation entraîne pour les intéressés l'obligation de vendre au prix taxé (1). Toutefois il est admis que le refus opposé par le boulanger peut, dans certains cas, se justifier par une cause légitime, comme certaines raisons de convenance personnelle, à la condition qu'elles ne soient pas un prétexte pour se soustraire à l'application de la taxe (2).

Les tribunaux ont apporté la même restriction au cas de simple *monopole de fait*. Il se trouve ainsi que tel entrepreneur de transport ou de spectacle peut à son gré refuser de traiter avec certaines personnes ou au contraire voit sa liberté restreinte, suivant qu'il a ou non des concurrents. C'est ainsi que des arrêts ont reconnu à un voiturier soumis en fait à la concurrence, le droit de refuser une marchandise présentée dans ses bureaux (3). Si au contraire le transporteur jouit d'un monopole de fait, il ne peut, *sans motif légitime*, refuser d'accepter les demandes du public (4). Il est vrai que, dans les hypothèses qui ont été soumises aux tribunaux, l'absence de toute concurrence s'accompagnait du fait de la publication de ses tarifs par le voiturier : l'on pouvait ainsi admettre que celui-ci se trouvait déjà lié par une offre au public. Cependant il est à présumer que dans l'esprit des tribunaux, le monopole constitue par lui-même une raison suffisante pour interdire à une personne de refuser, sans motif légitime, d'entrer en rapport d'affaires avec une autre (5). C'est d'ailleurs la solution qui a été consacrée par la Cour de cassation à l'égard d'une entreprise de spectacle, qui jouissait dans une commune d'une situation privilégiée analogue à un monopole (6).

A côté de cette restriction nous trouvons mentionnée dans les motifs d'un jugement cette proposition que « le

(1) Cass., 26 avr. 1861, D. 61. 1. 503.

(2) Cass., 11 janv. 1889, S. 89. 1. 91, D. 89. 1. 222.

(3) Cass., 3 janv. 1882, D. 83. 1. 105.

(4) Cass., 3 déc. 1867, S. 68. 1. 193. Aix, 8 févr. 1853, S. 53. 2. 551. Bordeaux, 8 mars 1881, D. 82. 2. 208.

(5) En ce sens, Aubry et Rau, 5e éd., t. V, p. 653. Baudry-Lacantinerie et Wahl, *Louage*, II, nos 2487, 2490.

(6) Cass., 19 févr. 1896, D. 96. 1. 449.

principe de la liberté du commerce et de l'industrie ne s'applique pas au cas où le commerce porte sur des denrées alimentaires de première nécessité (1) ». A notre connaissance cette idée n'a inspiré aucune décision (2).

Cette jurisprudence peut donc se résumer dans les deux propositions suivantes : en principe liberté absolue et *sans contrôle* pour toute personne, notamment pour les commerçants et les industriels, de se refuser à entrer en rapport avec autrui; au contraire, à l'égard des entreprises jouissant d'un privilège, droit pour les tribunaux de rechercher les motifs du refus de contracter et de prononcer une condamnation à des dommages-intérêts lorsque ce refus est dicté par la malveillance ou opposé sans motif légitime.

Certaines décisions récentes semblent vouloir généraliser ce dernier point de vue et supprimer toute distinction entre les entreprises, qu'elles soient ou non investies d'un monopole. La question s'est posée vis-à-vis de certains patrons qui refusaient systématiquement d'embaucher des ouvriers syndiqués. Sur une action en responsabilité formée par les syndicats, qui avaient souffert de cette manière d'agir, les patrons ont été condamnés à des dommages-intérêts. Dans les trois espèces soumises aux tribunaux (3), les juges ont émis cette idée que, si les patrons ont le droit de choisir librement leurs ouvriers, ils peuvent cependant exercer ce droit d'une façon *abusive*, notamment en refusant d'embaucher des ouvriers sous le prétexte qu'ils sont syndiqués.

Ces décisions méritent d'autant plus d'attirer l'attention

(1) Trib. comm. Nice, 2 janv. 1893, D. 96. 1. 449, S. 93. 2. 193.

(2) On pourrait songer à rattacher à cette idée un arrêt de la Cour de Caen du 12 juin 1869, qui a jugé que l'administration d'un établissement d'eaux thermales ne peut refuser, sans motifs légitimes, l'usage des eaux à un malade. Mais il semble plutôt que cette obligation pour l'établissement résulte de textes spéciaux. Dall., *Suppl.*, v° *Industrie*, n° 139.

(3) Justice de paix Bordeaux, 18 août 1903. Trib. Bordeaux, 14 déc. 1903, S. 1905. 2. 17. Req. 13 mars 1905, D. 1906. 1. 113. Trib. comm. Epernay, 28 févr. 1906, Trib. civ. Lille, 12 nov. 1906, D. 1908. 2. 73, et les notes de MM. Féron, Planiol et Josserand.

qu'il eût été possible aux tribunaux d'arriver à la même solution sans dégager les principes de la responsabilité en cas de refus de contracter. En effet cette dernière question ne se pose nettement que dans les rapports de celui qui fait l'offre et de celui qui oppose le refus, en l'espèce de l'ouvrier et du patron. Or, devant les tribunaux, le débat s'éle'ait entre le syndicat et le patron : dans ces conditions, il urait suffi aux tribunaux de fonder la responsabilité sur ne *mise à l'index* du syndicat par le patron et d'appliquer es règles généralement admises dans cette hypothèse. L'on eut certainement assimiler à une mise à l'index déguisée, e fait de déclarer plus ou moins ouvertement aux syndiqués ju'on ne les emploiera pas tant qu'ils feront partie de l'asociation visée. Néanmoins les tribunaux ne se sont pas lacés à ce point de vue; ils ont pris parti sur la question u refus de contracter et ont appliqué à cette matière les rincipes de l'abus du droit : le refus d'embauchage n'est as licite s'il est inspiré par l'*intention de nuire*.

L'on peut comprendre dès lors à quel point les solutions ntérieures de la jurisprudence sont élargies. L'on exigeait oien auparavant que le refus de contracter eût une cause égitime, mais seulement au cas de monopole ou de priviège. Il n'y a plus lieu maintenant de faire aucune distincion : dans tous les cas, celui qui refuse de contracter peut xercer son droit d'une façon abusive et encourir une responsabilité.

Demandons-nous maintenant dans quelle mesure est jusifiée cette nouvelle application par la jurisprudence de la héorie de l'*abus du droit*.

III

A s'en tenir à la théorie classique de la responsabilité, elui qui refuse de contracter n'encourrait aucune responabilité, puisqu'il fait usage d'un droit. *Neminem lœdit qui uo jure utitur*. La responsabilité suppose une faute, c'est-dire un acte illicite. « Si j'ai le droit de faire un acte déter-iné, je ne suis pas en faute pour l'avoir accompli; et si j'ai le droit de m'en abstenir, je ne suis pas en faute pour l'avoir omis (1) ».

C'est contre cette doctrine que s'élèvent les partisans de l'abus du droit. Sans doute l'on ne peut être déclaré en faute par le fait même que l'on exerce un droit, mais la faute peut résulter de la manière dont ce droit est exercé. Pourquoi cette faute ne devrait-elle etre prise en considération que dans les cas où nous faisons usage de notre liberté? Pourquoi devrait-on en faire abstraction lorsque cette liberté est canalisée dans un droit défini? Rien ne justifie cette distinction entre « le droit général d'user de sa liberté et les droits spéciaux qui consacrent légalement tel ou tel exercice particulier de la liberté individuelle » (2). Au surplus, il ne semble pas toujours facile d'établir une ligne de démarcation précise entre la liberté et le droit défini. Celui qui refuse de contracter exerce-t-il une prérogative légale ou fait-il simplement usage de sa liberté?

Il est préférable d'admettre qu'en usant des droits qui nous appartiennent, nous pouvons être constitués en faute et obligés à la réparation du préjudice causé, soit que nous les exercions d'une façon imprudente, soit que nous les détournions de leur destination normale.

Pour nous en tenir à ce dernier point de vue, qui est plus spécialement le domaine de l'*abus du droit*, il suffit de rappeler les grandes lignes de cette théorie (3). Si une personne détourne un droit de son but, le dirige vers une fin autre que celle à laquelle il est normalement affecté, elle commet une faute susceptible d'engager sa responsabilité. Il en est ainsi soit qu'elle ait exercé le droit sans intérêt, par pur caprice, soit qu'elle l'ait exercé dans un intérêt différent de celui qu'il est appelé à satisfaire.

Absence d'intérêt, illégitimité de l'intérêt, telle paraît être la caractéristique de l'abus du droit. Le plus souvent, cette absence d'intérêt révélera chez l'auteur de l'acte une intention de nuire. C'est même cette intention malveillante

(1) Planiol, t. II, n° 908.

(2) Saleilles, *Bull. soc. d'ét. législ.*, 1905, p. 325.

(3) Saleilles, article précité ; Josserand, *De l'abus des droits.*

que l'on assigne généralement comme critérium à l'abus du droit. Il semble cependant préférable de se placer au point de vue de l'intérêt en cause. L'on peut donner à un droit une orientation anormale, en dehors de toute intention nocive, et cependant encourir de ce chef une responsabilité, lorsque l'intérêt n'est pas légitime (1). D'autre part, il est des cas où l'intention de nuire ne semble pas suffisante pour fonder une responsabilité. L'on a donné à ce propos l'exemple de l'action en bornage, qui, en aucun cas, n'expose le demandeur à être déclaré responsable, alors même qu'il n'aurait d'autre but que de nuire au voisin (2). C'est que cette action est, dans tous les cas, susceptible de procurer la même utilité à celui qui l'exerce, quels que soient les mobiles auxquels il obéit. En réalité, « l'intention importe moins que *le but* », la volonté moins que *l'intérêt*.

Quand donc le refus de contracter, opposé à raison de considérations personnelles, pourra-t-il se justifier par l'existence d'un intérêt légitime?

Plusieurs situations doivent être distinguées : 1° une personne a reçu une offre; 2° elle a fait elle-même des avances en vue d'engager des négociations; 3° elle interrompt des pourparlers commencés.

I. — Une personne reçoit une offre. Ce peut être une offre renfermant toutes les conditions du contrat, de telle sorte qu'une acceptation suffise pour donner naissance à la convention. Il peut s'agir aussi d'une simple invitation faite en vue d'engager des pourparlers, celle-ci ne mentionnant aucune des conditions du contrat, ou, en tout cas, réservant certains points à la discussion des parties. Par exemple, c'est un propriétaire à qui l'on offre d'acheter sa maison, ou un commerçant qui reçoit les offres de service d'un commis voyageur.

En pareil cas, il ne semble pas qu'il puisse jamais être

(1) L'on peut citer en ce sens les nombreux arrêts par lesquels la chambre des requêtes a admis qu'une simple faute dans l'exercice d'une action en justice peut justifier l'allocation d'une indemnité, Dalloz, *Suppl.*, v° *Responsabilité*, n° 83.

(2) Ripert, *L'exercice des droits et la responsabilité civile*, *Rev. crit.*, 1906.

question de responsabilité pour celui qui reçoit l'offre et qui refuse de l'accepter ou d'entrer en pourparlers. Le pollicitant n'a aucun droit à la conclusion du contrat. Quant à celui à qui l'offre est adressée, il a toujours un intérêt légitime à ne pas donner son acceptation. Cet intérêt apparaît d'une façon évidente lorsque celui qui reçoit l'offre n'a pas l'intention de contracter : il est certain qu'on ne peut l'y contraindre indirectement sous la menace d'une action en responsabilité. L'on ne peut être obligé de vendre sa maison si l'on n'y consent pas, ni de prêter de l'argent à un solliciteur.

La solution ne serait pas différente alors même qu'en repoussant l'offre, l'on traiterait ou l'on manifesterait l'intention de traiter avec une autre personne. Aucune responsabilité ne pourrait, par exemple, incomber au propriétaire qui vendrait sa maison à un amateur, après avoir refusé de traiter avec un autre, en considération de la nationalité ou des opinions politiques de ce dernier. Il n'en serait pas autrement du commerçant qui refuserait d'entrer en rapports d'affaires avec une maison, dont le directeur appartiendrait à une certaine religion. Sur la lésion de quel droit l'amateur ou la maison de commerce évincés pourraient-ils fonder une action en responsabilité? Peu importent le motif invoqué et le mobile même malveillant qui expliquent le refus. Celui qui refuse de contracter dans ces conditions ne pourrait être déclaré responsable alors même qu'il n'aurait d'autre but que de nuire au pollicitant : ayant le droit de rejeter les offres qui lui sont faites, il peut prétendre avoir toujours un intérêt légitime à choisir ses cocontractants. C'est le cas de rappeler à ce propos que l'intention de nuire n'est pas le critérium infaillible de l'abus du droit. Du moment que celui qui exerce un droit en retire l'utilité qu'il pouvait légitimement en attendre, son acte est licite, indépendamment de la volonté qui y préside.

II. — Nous supposons maintenant que la personne qui refuse de contracter n'est pas restée inactive, qu'elle a fait des avances, qui ont provoqué l'offre.

Il est nécessaire de préciser tout d'abord les limites du

problème. Il ne peut être question de refus de contracter lorsque cette personne fait une offre mentionnant les conditions auxquelles elle entend traiter. Par exemple, c'est un commerçant qui a exposé des marchandises en montre avec indication de prix. Si un amateur déclare accepter l'offre, le contrat prend naissance (1). Le commerçant, qui ne délivrerait pas la marchandise, refuserait, non de contracter mais d'exécuter une convention définitivement formée.

Pour qu'il puisse être question d'un refus de contracter, il faut supposer que l'on se trouve en présence de simples avances, d'une *offre d'entrer en pourparlers*, qui ne contienne pas les conditions du contrat. La vie courante nous en donne de multiples exemples. Le commerçant, dans sa boutique, adresse à tous une offre d'entrer, de voir, de discuter les prix et c'est en ce sens qu'il est vrai de dire que les commerçants sont, vis-à-vis du public, en état d'offre permanente. Le patron, qui « demande des ouvriers », fait une offre de ce genre, car il se réserve le droit de discuter les conditions de l'embauchage avec ceux qui se présenteront. Le voiturier, qui annonce son entreprise sans faire connaître ses tarifs, invite le public à lui confier des marchandises, sauf à discuter les conditions particulières de chaque transport. Il n'est pas jusqu'au propriétaire qui ne fasse une offre d'entrer en pourparlers lorsqu'il pose sur son immeuble une affiche : maison ou appartement à louer.

Quelle est la valeur juridique de cette offre d'entrer en pourparlers ? Il est certain que son auteur ne peut être engagé dans les liens d'un contrat par une simple acceptation émanant d'un tiers. Mais peut-il, au même titre que celui qui reçoit une offre sans l'avoir provoquée, refuser d'entrer en pourparlers avec ceux qui répondent à son appel ?

Il n'y a pas de difficulté si celui qui a fait cette invitation en vue d'entamer des négociations a pris soin d'indiquer les conditions auxquelles il en soumet l'acceptation. En pareil cas, celui qui ne remplit pas ces conditions ne peut évi-

(1) Lyon-Caen et Renault, *Traité de droit commercial*, III, 22.

demment se plaindre du refus qui lui est opposé. Dans l'état actuel de la législation, rien ne semble même limiter le droit qu'a toute personne de fixer les conditions auxquelles elle entend traiter. Rien n'empêche un propriétaire ou un commerçant de faire connaître qu'il ne louera pas sa maison ou ne vendra pas ses marchandises aux personnes appartenant à une nationalité déterminée ou professant certaines opinions politiques. Rien n'interdit davantage à un patron de faire connaître qu'il n'embauchera pas des ouvriers syndiqués. Sans doute, dans ce dernier cas, le syndicat pourra intenter une action en responsabilité contre le patron; mais cette action sera fondée sur la mise à l'index dont le syndicat est l'objet. Au contraire les syndiqués, pris individuellement, ou les personnes appartenant à la nationalité ou au parti politique visé ne seraient pas recevables à réclamer des dommages-intérêts. Il n'en pourrait être autrement que dans le cas où ils seraient personnellement désignés et où la publication de leur nom leur causerait un préjudice.

Mais que faut-il décider lorsque l'auteur de l'offre n'a subordonné l'entrée en pourparlers à aucune condition? A-t-il la faculté de décider entre ceux qui répondent à son appel, suivant ses préférences et sans contrôle, comme pourrait le faire celui qui reçoit une offre sans l'avoir provoquée? Il ne semble pas possible d'assimiler les deux situations. Lorsqu'il existe une offre d'entrer en pourparlers, la situation n'est plus entière. Sans doute cette offre n'est pas suffisante pour former un contrat, s'il vient s'y joindre une acceptation. Il n'est pas moins vrai qu'en faisant appel au public sans réserve, son auteur a permis à tous de croire raisonnablement que les pourparlers s'engageraient sur les bases normales, habituelles au genre d'affaires qu'il s'agit de traiter : il a de la sorte créé une certaine *confiance*, déterminé des volontés, provoqué des offres en réponse à la sienne.

En conséquence, l'on peut songer à fonder une responsabilité, non sur un engagement pris par l'auteur de l'offre, mais sur ce fait qu'en invoquant des considérations personnelles sans intérêt pour refuser d'entrer en rapport avec certains tiers, il trompe cette *confiance légitime*, qu'il a fait naître chez tous ceux auxquels il s'est adressé.

Il faudra donc se placer dans chaque espèce et se demander s'il existe pour une personne un intérêt légitime à tenir compte de certaines considérations personnelles pour refuser de contracter.

La nature des considérations invoquées à l'appui du refus pourra d'ailleurs exercer une certaine influence sur la situation respective des parties dans le débat. Théoriquement, en vertu de la règle *actori incumbit probatio*, il appartiendrait au demandeur en indemnité de démontrer le caractère illégitime de l'intérêt, que veut satisfaire celui qui oppose le refus. En réalité, l'on a depuis longtemps démontré qu'il ne faut pas donner à cette règle une portée absolue et croire que le défendeur peut se contenter d'un rôle passif : le débat judiciaire constitue une sorte de dialogue, par lequel chaque partie oppose ses arguments à ceux de son adversaire. Nous en trouvons une nouvelle preuve en cette matière. Il est des contrats qui, de leur nature, ne comportent pas la considération de la personne : pour ceux-là, le refus de contracter fondé sur l'existence d'une qualité personnelle sera une hypothèse anormale. Dans le débat, lorsqu'on aura établi le motif du refus, il appartiendra tout naturellement au défendeur de démontrer l'intérêt qu'il avait à prendre la personne en considération. Par exemple le commerçant, qui, par la réclame, fait appel au public, devra justifier son attitude lorsqu'il refusera d'entrer en rapport avec certaines personnes. D'autre part, même dans les contrats qui, comme le louage de services, comportent l'examen des qualités personnelles du co-contractant, une distinction doit être faite entre celles que l'on prend *normalement* en considération et celles qui, dans la généralité des cas, ne sont pas de nature à influencer la volonté. Pour les premières, rien ne permet de considérer que l'auteur de l'offre ait entendu restreindre son droit, sur ce point : il rentrera dans le rôle du demandeur de prouver qu'en l'espèce l'examen de ces qualités était dénué d'importance.

Quant aux autres, rien n'autorise à croire que l'auteur de l'offre ait voulu en tenir compte : s'il prétend le contraire, il devra justifier d'un intérêt.

L'on pourrait faire application de ces idées à tous les contrats. Nous nous arrêterons seulement à certains d'entre eux qui ont provoqué des débats devant les tribunaux.

C'est dans le louage des services que s'explique le mieux l'influence des considérations personnelles. L'on y tient compte avant tout des qualités professionnelles. Mais d'autres considérations peuvent intervenir. S'il s'agit par exemple de l'engagement d'un domestique attaché à la personne, les rapports étroits qui existent entre le maître et le serviteur permettent de décider qu'aucune qualité personnelle n'est indifférente : la tenue et même la physionomie, la nationalité, au besoin, dans certains cas, la religion ou les opinions politiques peuvent être normalement prises en considération. Il n'en est plus de même s'il s'agit de l'engagement d'un ouvrier ou d'un employé : encore sur ce point est-il impossible de formuler une règle absolue; par exemple la tenue peut jouer un rôle s'il s'agit d'un employé et n'avoir aucune importance vis-à-vis d'un ouvrier. A plus forte raison les opinions politiques ou la religion serontelles en principe indifférentes.

Que faut-il décider lorsque le refus est motivé par ce fait que l'employé ou l'ouvrier est syndiqué ? Alors que la question ne s'est posée devant les tribunaux qu'entre le patron et le syndicat, nous nous demandons si l'ouvrier syndiqué peut, de son côté, intenter une action en responsabilité contre celui qui refuse de l'embaucher. Nous avons vu que, lorsque le patron n'a fait aucune offre d'embauchage, il ne peut être question pour lui de responsabilité. Si au contraire il a provoqué les demandes de travail, il n'y a aucune raison pour ne pas lui appliquer les principes que nous avons admis. Le patron pourra être responsable si son refus s'explique uniquement par le désir de porter atteinte au droit qu'a tout ouvrier de faire partie d'un syndicat. Si au contraire il a de justes raisons de redouter une ingérence extra-professionnelle et malveillante du syndicat dans son entreprise et de craindre que l'entrée d'un syndiqué dans sa maison ne soit une cause de désordre, le refus qu'il oppose est justifié par un motif légitime.

Passant au louage de choses, l'on peut dire que certaines qualités personnelles du locataire sont généralement indifférentes. Le propriétaire, qui loue une maison ou un appartement, cherche surtout à se procurer un revenu. Il peut être important pour lui de tenir compte de la profession du locataire, de sa façon de vivre : il a intérêt à s'assurer que celui-ci est solvable, qu'il ne détériorera pas l'immeuble ou ne gênera pas ses co-locataires. Mais l'on ne conçoit guère qu'il soit tenu compte de considérations, telles que la nationalité ou les opinions politiques.

Il serait possible de faire application de ces idées à une hypothèse très pratique : celle où il existe dans un bail une clause interdisant au preneur de sous-louer sans l'agrément du bailleur. Certains auteurs font sur ce point une distinction entre la clause qui interdit la sous-location sans le consentement du propriétaire et celle qui porte que la sous-location ne peut être faite qu'à une personne agréée par le propriétaire. Dans le premier cas, celui-ci aurait le droit absolu de s'opposer à la sous-location; dans le second, en présence d'un refus injustifié du propriétaire, les tribunaux pourraient, à certaines conditions, autoriser la sous-location (1). En réalité la jurisprudence tend à ne faire aucune distinction entre ces deux clauses et à dénier aux tribunaux, dans tous les cas, le droit d'exercer un contrôle sur le refus opposé par le propriétaire (2). Il semble cependant que l'on puisse, avec quelques rares décisions (3), faire application à cette matière des principes que nous avons admis pour le refus de contracter. Il faudrait, dans chaque cas, se demander s'il existe pour le bailleur un intérêt légitime à prendre en considération telle ou telle qualité du sous-locataire pour refuser son agrément. Dans le cas où cet

(1) Aubry et Rau, t. V, p. 334; Baudry-Lacantinerie et Wahl, *Louage*, I, n° 1104.
(2) Douai, 7 déc. 1881, S. 82. 2. 177.
(3) Grenoble, 7 août 1866, S. 67. 2. 44.

intérêt n'apparaîtrait pas, les tribunaux pourraient substituer leur autorisation à celle que le bailleur refuserait sans motif plausible. Une telle solution serait préférable à celle de la jurisprudence actuelle, qui expose souvent les locataires à des refus systématiques et injustifiés de la part des propriétaires. Au surplus, la jurisprudence semble vouloir faire application de ces principes dans une hypothèse analogue : celle de la cession de sa clientèle par un agent d'assurances. Il est de principe que la Compagnie d'assurances est libre du choix de ses mandataires et n'est pas obligée d'agréer le successeur que son agent lui présente : elle ne peut donc encourir aucune responsabilité de ce chef. Néanmoins, d'après un arrêt de la Cour de cassation, il en serait autrement si la Compagnie faisait de son droit un usage abusif dans l'intention de nuire à son agent (1).

La considération de la personne ne joue en général aucun rôle dans des contrats, comme le transport ou la vente. S'il n'est pas toujours indifférent au voiturier de transporter tel ou tel voyageur, en revanche peu lui importe la personne qui lui confie des marchandises. Il est également certain que le commerçant n'a le plus souvent aucun intérêt à se préoccuper de la personne des clients, qui fréquentent son magasin. Cependant il pourrait en être autrement dans le cas où le commerçant interdirait à quelqu'un l'accès de son magasin pour des motifs d'ordre privé (2). Sur ce point encore, de nombreuses distinctions pourraient être faites. Il est certain, par exemple, qu'un tel motif n'aurait que peu de valeur pour le directeur d'un grand magasin ; il devrait au contraire être pris en considération dans le cas où le commerçant se trouverait personnellement en rapport avec sa clientèle.

III. — Nous avons supposé jusqu'ici qu'une personne refusait de contracter, soit après une offre, soit après avoir fait elle-même une offre d'entrer en pourparlers. Il est

(1) Cass., 6 avr. 1897, *Pand.*, 99. 1. 65 et la note.

(2) Cass., 11 janv. 1889, D. 89. 1. 222.

encore possible que le refus soit opposé alors que les négociations sont déjà commencées. Un commerçant est entré en rapport avec une maison de gros pour la livraison de marchandises : une correspondance a été échangée, les intéressés ont pu prendre certaines dispositions en vue de l'entente définitive; mais avant que celle-ci n'intervienne, l'une des parties rompt les pourparlers, en invoquant les opinions politiques ou la religion de l'autre.

Puisque nous avons admis qu'une responsabilité pouvait être encourue par celui qui, ayant fait des avances, refuse d'entrer en pourparlers sans intérêt légitime, il est certain qu'une solution analogue doit être donnée en cas de rupture des négociations préliminaires. Cette responsabilité « précontractuelle » a fait tout récemment l'objet d'études du plus haut intérêt (1). Elle trouve, semble-t-il, son fondement dans l'assentiment donné par chacune des parties aux négociations. « Il y a comme une sorte de responsabilité virtuelle impliquée dans toute négociation entreprise d'un commun accord. Ainsi le veut la commercialité en quelque sorte incluse dans toute prise de contrat entre parties qui entrent en rapport d'affaires l'une avec l'autre (2) ». Celui qui interrompt arbitrairement les négociations trompe, lui aussi, la légitime confiance de sa contre-partie; il contrevient « à la bonne foi nécessaire aux relations contractuelles ».

Il y a lieu, ici encore, d'appliquer les principes de l'abus du droit et de décider que la rupture des pourparlers n'est une cause de responsabilité qu'autant que celui qui met fin aux négociations n'y a pas un intérêt légitime.

L'on pourrait cependant songer à étendre cette responsabilité et, comme on l'a proposé, faire intervenir en cette matière une idée de garantie. Du fait de leur adhésion aux négociations, les parties se garantiraient réciproquement contre toute rupture, fondée sur une raison autre « qu'une divergence d'intérêts sur la base exclusive des négociations

(1) Saleilles, *De la responsabilité précontractuelle*, *Rev. trim.*, 1907, p. 697.
(2) Saleilles, article précité.

antérieures [1] » : garantie légale selon les uns; garantie, qui s'expliquerait mieux dans notre droit français, par l'existence d'une convention tacite. La conséquence serait qu'une fois les pourparlers engagés, aucune des parties ne pourrait se retirer en invoquant une considération personnelle à sa contre-partie. Par le fait qu'elle a acquiescé aux négociations, chacune d'elles a dû envisager la situation et les qualités personnelles de l'autre; elle ne peut plus désormais en tenir compte pour rompre les pourparlers, *alors même qu'elle y aurait un intérêt légitime.*

IV

Nous avons fait jusqu'ici abstraction d'un élément essentiel de la responsabilité : l'existence d'un préjudice. C'est cependant une règle générale qu'en matière civile, la responsabilité n'est engagée que si la faute s'accompagne d'un préjudice, qui soit avec elle dans un rapport de cause à effet. Le refus de contracter n'entraînera donc une responsabilité que s'il produit un dommage et seulement dans la mesure où il en est la cause.

A ce dernier point de vue, il faudrait se garder d'une confusion. Les personnes, qui se voient opposer le refus, pourraient être tentées d'exagérer le montant des dommages-intérêts qu'elles réclament. En réalité, pour calculer l'indemnité qui peut être due, il faut s'en tenir au fondement que nous avons assigné à cette responsabilité. Lorsqu'une personne refuse, sans intérêt légitime, d'entrer en pourparlers, sa responsabilité résulte des avances qu'elle a faites au public ou à une certaine catégorie de personnes, pour les inviter à entrer en rapport avec elle. C'est seulement dans la mesure où cet appel a pu occasionner des frais, des dépenses, un dérangement coûteux à ceux qui en ont été l'objet, qu'il y a lieu de calculer l'indemnité.

De même, en cas de rupture de pourparlers, l'acquiescement donné aux négociations par chacune des parties a pu

(1) Saleilles, article précité.

déterminer l'autre à engager certaines dépenses, à exécuter certains travaux en vue de la réussite des pourparlers; ces dépenses lui resteront pour compte si les négociations n'aboutissent pas. Dans cette mesure seulement il est exact de dire que le retrait arbitraire est la cause directe du préjudice qui en résulte.

Mais ceux auxquels le refus a été opposé ne seraient pas recevables à réclamer une indemnité à raison des occasions manquées (1). Il est difficile de considérer que le fait d'avoir manqué ces occasions est le résultat direct de l'offre d'entrer en pourparlers ou de l'ouverture des négociations; il serait encore plus difficile d'apporter la preuve d'une telle affirmation. Celui qui reçoit des avances en vue de la conclusion d'un contrat ne peut compter d'une façon certaine sur la réalisation de l'affaire; les divergences d'intérêts peuvent être telles que l'accord ne puisse s'établir. Rien ne l'obligeait à répondre à l'appel qui lui était adressé ou à s'en tenir exclusivement à ces avances, en négligeant les autres occasions qui auraient pu se présenter. Il ne peut donc s'en prendre qu'à lui-même de les avoir manquées.

A plus forte raison ne pourrait-on assimiler le préjudice en cas de refus de contracter à celui qui résulte de l'inexécution du contrat et évaluer les dommages-intérêts sur cette base. Celui qui se voit opposer le refus n'avait aucun droit à la conclusion du contrat, donc à son exécution. L'ouvrier qu'on a refusé d'embaucher ne pourrait réclamer par exemple le montant des journées de travail correspondant à l'observation du délai-congé.

Toutefois il faudrait en décider autrement dans les hypothèses où la loi a expressément interdit le refus de contrat. C'est qu'il existe en ce cas, à la charge d'une personne, une obligation à laquelle il lui est impossible de se soustraire. C'est ainsi que la Compagnie de chemins de fer, qui se refuserait injustement à transporter des marchandises, pourrait être condamnée à une indemnité calculée sur un

(1) En ce sens, pour la rupture des pourparlers, Saleilles, article précité.

préjudice égal à celui qui résulterait de l'inexécution du contrat de transport.

En résumé, les dommages-intérêts dus en cas de refus de contracter ne dépasseront pas le montant des dépenses faites pour se mettre en mesure d'entrer en pourparlers. Ces frais peuvent parfois être assez élevés ; le plus souvent ils seront insignifiants. Dans certains cas même, il n'existera aucun dommage appréciable : il en sera ainsi lorsqu'on pourra se procurer aisément les mêmes objets, obtenir le même service en s'adressant à d'autres personnes. En cas de refus de vendre, l'on aura toujours la ressource de s'adresser à un autre commerçant. Ainsi peut s'expliquer, sinon se justifier théoriquement, la jurisprudence, analysée par nous, qui pose en principe qu'aucune responsabilité ne peut résulter du refus de contracter, sauf dans le cas où il existe un monopole. Cette manière de voir est évidemment trop absolue : mais elle s'explique par cette raison que, dans la grande majorité des cas, la possibilité de s'adresser à des concurrents supprime tout préjudice, en même temps qu'elle est la meilleure garantie contre des refus arbitraires.

Cependant, à supposer que le refus de contracter ne produise aucun dommage matériel, il peut, dans certains cas, être la cause d'un préjudice moral. Il en est ainsi, par exemple, lorsque le refus de contracter s'accompagne d'une certaine publicité, qui peut nuire à la réputation de celui qui en est l'objet. Le fait de refuser à une personne l'entrée d'un théâtre est évidemment de nature à porter atteinte à la considération de celle-ci. Il n'est pas douteux, en ce cas, qu'une réparation soit due (1).

L'on peut même se demander si les tribunaux ne seront pas parfois tentés d'aller plus loin. L'on a donné, dans ces dernières années, une telle extension à la notion de préjudice moral qu'il ne serait pas impossible de voir un dommage de ce genre dans le cas où le refus de contracter constitue une atteinte portée à un droit, alors même qu'il

(1) Aix, 16 avr. 1894, D. 96. 1. 450.

n'en résulte aucun préjudice matériel. L'ouvrier, que l'on refuserait d'embaucher parce qu'il est syndiqué, soutiendrait qu'il a subi un préjudice moral du fait que le patron a méconnu son droit de faire partie d'un syndicat professionnel. L'on pourrait alors rappeler ce qu'écrivait Labbé pour justifier l'existence d'un dommage moral : « Un droit a été violé en ma personne. Un retranchement sur ma liberté est, sous ce rapport, analogue à un retranchement sur mon domaine. J'en éprouve une contrariété pour le passé, une inquiétude pour l'avenir, un froissement sous l'injustice qui est un mal (1). »

René-Lucien Morel.

(1) Note au Sirey, 79. 2. 193.

4e ANNEE 1908

REVUE
DE
DROIT INTERNATIONAL PRIVÉ
ET DE
DROIT PÉNAL INTERNATIONAL

PUBLIÉE PAR
A. DARRAS
DOCTEUR EN DROIT, ASSOCIÉ DE L'INSTITUT DE DROIT INTERNATIONAL

Le Gérant : L. LAROSE.

BAR-LE-DUC. — IMPRIMERIE CONTANT-LAGUERRE

www.ingramcontent.com/pod-product-compliance
Ingram Content Group UK Ltd.
Pitfield, Milton Keynes, MK11 3LW, UK
UKHW021032220726
13924UKWH00001B/258